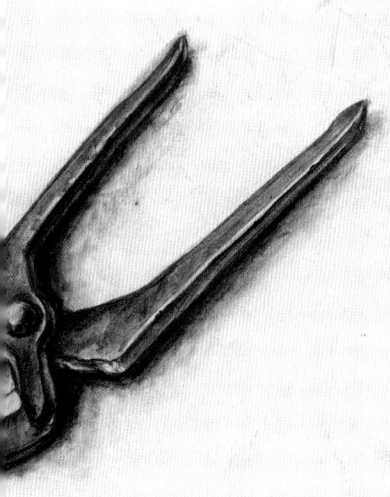

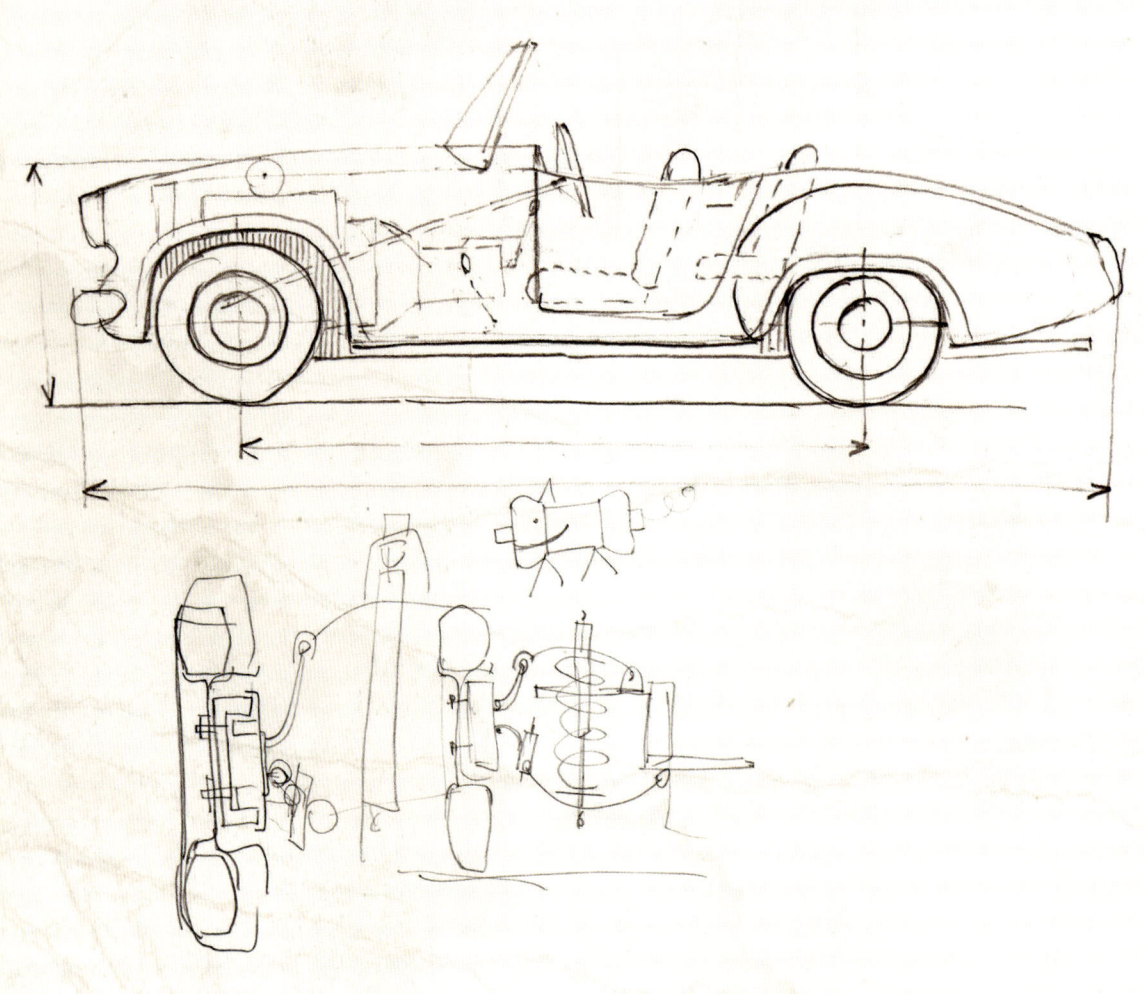

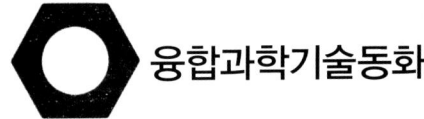 융합과학기술동화

Translated from : How to Build a Car
Author&Illustrator : Martin Sodomka
B4U Publishing s.r.o., 2013

www.b4upublishing.com
All rights reserved.
Copyright(c) B4U Publishing s.r.o., 2013

Korean Translation Copyright (c) 2014 GoldenBell Publishing Co.

The Korean language edition published by arrangement with B4U Publishing s.r.o. through Agency-One, Seoul.

이 책의 한국어판 저작권은 에이전시 원을 통해 저작권자와의 독점 계약으로 도서출판 골든벨에 있습니다. 저작권법에 의해 한국 내에서 보호를 받는 저작물이므로 무단전재와 무단복제를 금합니다.

우리가 자동차를 만들었어요!

초판인쇄　2014년　6월　20일
초판발행　2014년　6월　27일

글/그림　마틴 소돔카
번　역　김재휘
교　정　김은정
펴낸이　김길현
펴낸곳　주니어 골든벨
등　록　제3-132호(87.12.11) Copyright © 2014 Golden Bell
I S B N　979-11-85343-32-7
정　가　12,000원

※ 주니어 골든벨은 도서출판 골든벨의 어린이 도서 브랜드입니다.

서울 특별시 용산구 백범로 90라길 14(문배동 40-21)
Tel. 02) 713-4135 / Fax. 02) 718-5510

www.gbbook.co.kr

우리가 자동차를 만들었어요

글/그림 마틴 소돔카

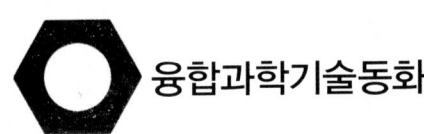
융합과학기술동화

1964년.

그때는 세상에 멋진 자동차들이 아주 많이 돌아다닐 때입니다.

휘발유 가격은 아주 쌌으며, 시내만 벗어나면 도로가 텅텅 비어 있었습니다.

한마디로 말하면, 바로 이 동화책의 스토리와 같은 동화는

대도시의 변두리에서 일어난 이야기입니다.

Contents

차대(프레임)	9
앞 차축 현가장치	13
스프링과 충격흡수기	13
앞 차축	14
조향기어 박스	15
조향기구	15
드럼 브레이크	17
뒤 차축	18
바퀴(휠)	21
섀시	22
4행정 엔진 사이클	24
4행정 엔진	25
기화기	27
배전기	27
차대에 엔진 설치하기	28
변속 기구	30
클러치	31
클러치, 변속기 및 유니버설 조인트 어셈블리	32
엔진 냉각장치(수냉식)	35
디자인	41
차체 제작하기	42
차체 도장하기	45
차체를 섀시에 조립하기	47
자동차 실내 장식	49
최종 점검	50
엔진 길들이기	52
시운전	54

생쥐 애니는 오늘도 하루종일 집안에만 있어요. 애니가 집밖으로 나가지 않는 건 한 쪽 다리가 불편해서 때문만은 아닙니다.
"뭣 때문에 우리가 너를 괴롭히겠어? 절대 그런 일은 없을 테니 걱정하지 마." 골목대장인 키다리 잭은 말은 그렇게 하지만 강한 손톱으로 애니를 위협했어요.
한때, 애니가 키다리 잭을 힘센 영웅이라고 생각했지만 이제는 아니에요.

애니는 참새 빌을 만난 다음부터 키다리 잭에게 신경 쓰지 않게 되었어요. 참새 빌은 정말 멋진 친구였거든요. 빌은 지금 상황에서 무엇을 해야 할지를 항상 잘 알고 있는 친구였어요. 빌은 농담을 할 줄 몰랐지만, 애니는 결코 빌이 지겹거나 싫증 나지 않았습니다.
빌이 애니에게 말했습니다.
"너 왜 키다리 잭 패거리와 어울리려고 하는 거니? 그 녀석들은 만날 말썽만 일으키잖아. 내 말 잘 들어 봐, 이제 그런 놈들한테 신경 쓰지 말고 우리 둘이 함께 자동차를 만들자. 작고, 빠르고, 멋진 경주용 자동차를!"
"그게 가능할까?"
"너, 그로시가 '무엇이든 가능하다'라고 한 말 기억하니?"
"그 거짓말쟁이 그로시 말이야?"
"애니, 그로시는 나름 괜찮은 친구야. 그리고 가장 중요한 사실은 그 녀석 없이는 우리는 멋진 자동차를 만들 수 없어. 자, 이제 이리 와. 내가 가지고 있는 것들을 보여줄게."

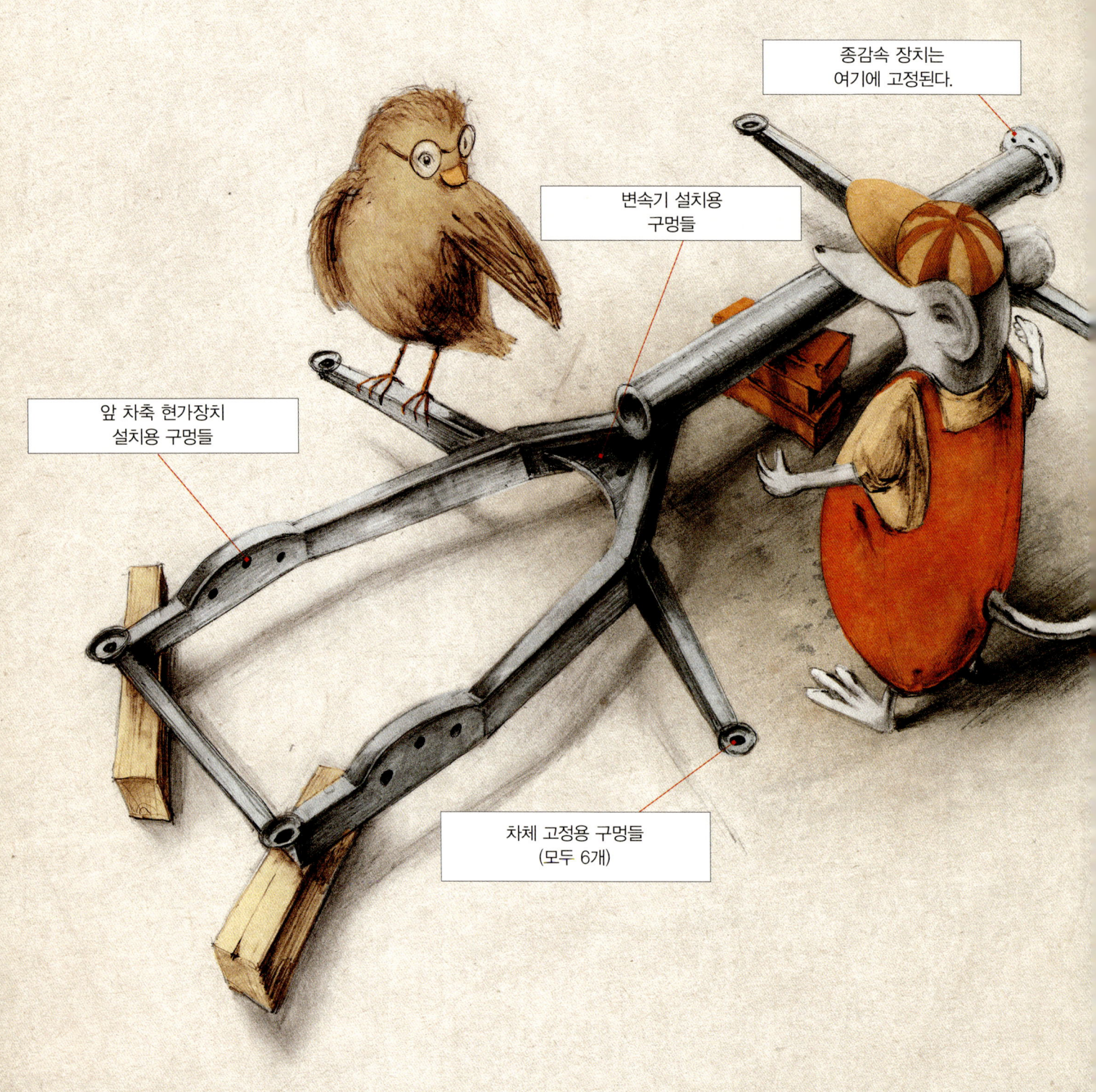

차대(프레임)

"여러 개의 파이프를 용접해서 이은 거네."
"이게 바로 차대야. 이 차대를 가지고 자동차를 만들기 시작할 거야."
"그럼, 너 자동차를 만든다는 말, 농담이 아니고 진짜였어?"
"애니, 뭘 걱정해? 너는 손으로 만드는 건 뭐든지 잘 하잖아. 자동차를 만들 때 필요한 것들은 내가 갖다 줄 수 있어. 하지만 우선 자동차에 관한 모든 걸 알아야 해."
사실 애니는 손재주가 좋아 웬만한 기계들은 거의 수리할 수 있었기 때문에 그 동안 동네깡패들에게 없어서는 안 되는 존재였었죠.
빌이 말했어요.
"자, 이제 우리는 차대를 가지고 있어. 그리고 내일 그로시 씨에게 부탁해서 필요한 것들을 좀더 가져 오자. 그럼 우리는 곧바로 자동차를 만들기 시작할 수 있을 거야."
"그래, 우리가 멋진 자동차를 만들자!"
애니는 울타리에 걸터앉아서 자동차 만들 생각을 하느라 다른 것은 다 잊어버렸어요.

다음 날 애니와 빌은 그로시 씨의 가게로 갔어요.
"나 기분이 별로 좋지 않아, 애니. 어제 밤 늦게까지 차고에서 자동차 설계도를 살펴봤거든. 오늘 우리는 앞바퀴용 조향장치와 뒷바퀴용 현가장치를 구해야만 해."
그로시 씨는 둘을 반갑게 맞이하면서 물었습니다.
"어이, 어서 와. 오늘은 뭘 찾아줄까?"
"그로시 사장님, 어제 찾은 그 프레임을 오늘 가지고 갈게요. 근데 그거보다 먼저 다른 부품들이 좀 필요해요."
빌이 말하기 시작했습니다.
"그거보다 먼저 다른 부품들이 필요하다고? 둘 다 우리 가게의 최고 단골손님이잖아. 좋아, 다른 부품들 모두 찾아줄게!"
그로시 씨는 크게 하하 웃으며 말을 계속했어요.
"그리고 프레임 외에도 액슬 캐리어가 필요해요."
혹시 그로시 씨가 엉뚱한 물건을 찾을까 봐 얼른 빌이 말했어요.
"지금 나한테는 액슬 캐리어가 없어. 둘이 직접 용접해서 만들겠다면, 내가 가지고 있는 철판과 튜브를 줄 순 있지."
"고마워요, 그거면 충분해요. 우리가 직접 철판과 튜브를 가져갈 게요."
"사장님, 정말 고맙습니다. 다음에 또 올게요."
"두 사람의 일이 잘 되길 바랄게."

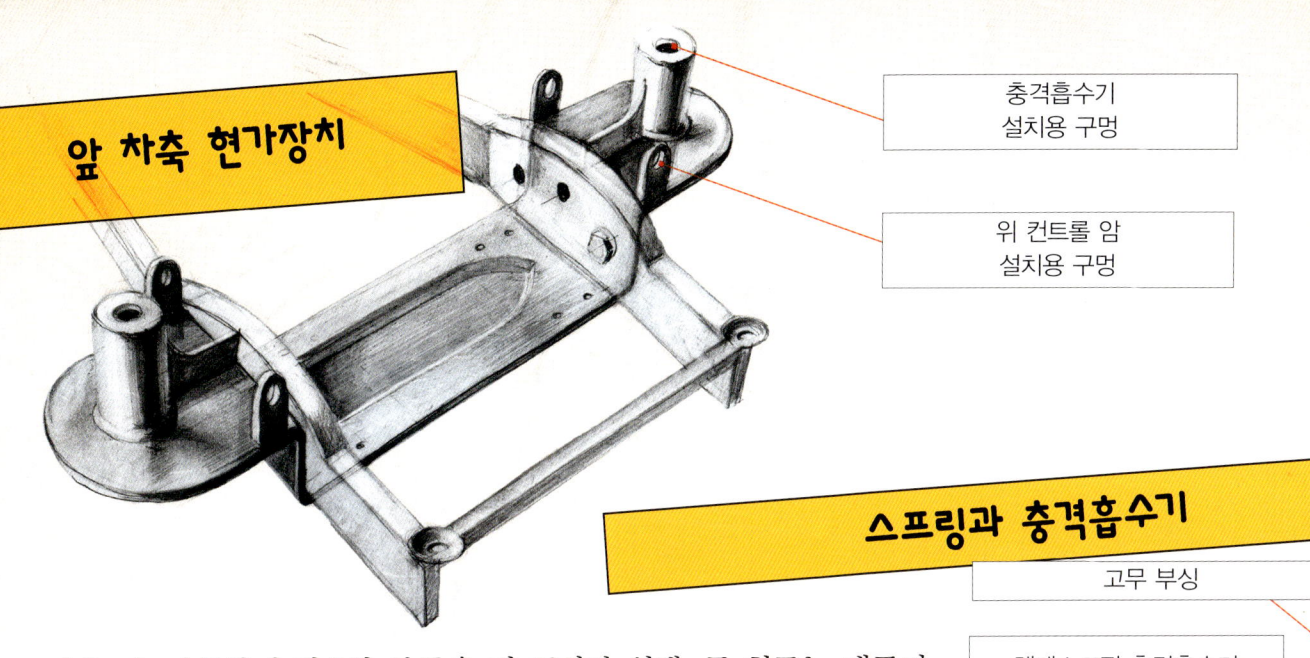

앞 차축 현가장치

- 충격흡수기 설치용 구멍
- 위 컨트롤 암 설치용 구멍

스프링과 충격흡수기

- 고무 부싱
- 텔레스코픽 충격흡수기
- 스프링

다음 날, 자동차에 필요한 부품을 더 구하기 위해, 두 친구는 개구리 그로시 씨의 고철상을 다시 찾았습니다.

"안녕하세요, 그로시 사장님. 코일 스프링과 충격흡수기가 있나요?"

"잠깐, 친구들. 부품들 물건값은 누가낼 거지?" 라고 그로시 씨가 물었어요. 애니도 빌도 물건값에 대해서는 전혀 생각해 본 적이 없었어요. 그랬기 때문에 둘 다 돈이 하나도 없었습니다. 당황한 애니가 물었어요.

"사실 저희는 돈이 없어요. 물건값 대신 무엇을 원하시나요?"

"음, 물건값 대신 뭘 받으면 될까? 사실 나는 모든 걸 다 가졌기 때문에 필요한 게 없어." 그로시가 대답했어요. 그러자 애니가 용기를 내어 말했어요.

"다 가졌다고요? 하지만 자동차는 없잖아요. 우리를 도와준다면 셋이서 자동차를 한 대 만들 수 있어요!"

그로시는 눈을 껌벅이며 아무 말 없이 한동안 그대로 서 있었어요. 그로시는 많은 것을 가졌지만, 친한 친구도 없었고, 자동차도 없었습니다.

"사실 내 진짜 이름은 그로시가 아니라, '크리스티앙'이야. 그리고 사실 난 너희와 나이 차이도 별로 나지 않아. 대신 나를 친구로 받아주겠니?"

개구리 크리스티앙이 아주 부끄러워하며 말했어요. 터져 나오려는 웃음을 참으며 애니가 짧게 대답습니다.

"우리와 같은 팀이 된 것을 환영해, 크리스티앙."

앞 차축

- 위 컨트롤 암
- 스티어링 너클 브라켓
- 스프링
- 충격 흡수기
- 아래 컨트롤 암

아침 일찍 빌은 먼저 일을 시작했어요.
"애니, 내가 그린 그림을 좀 봐. 앞 충격흡수기는 이렇게 생겼어. 코일 스프링은 위 컨트롤 암과 아래 컨트롤 암 사이에 설치하고, 코일 스프링 안쪽에 충격흡수기를 설치해야 해. 그렇게 하지 않으면, 충격을 받을 때마다 자동차가 좌우로 흔들리고 지그재그로 움직이기 때문에 방향을 제대로 조정할 수 없어. 충격흡수기는 공을 땅바닥에 떨어뜨렸을 때 튀어 오르지 않게 하는 것과 같은 방법으로 스프링의 진동을 흡수하는 거야."

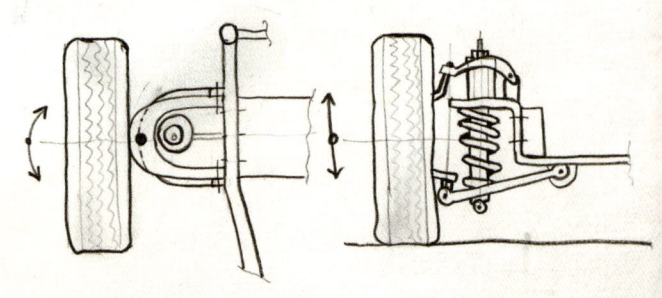

이제 완벽하게 작동하는 조향장치를 만들 차례예요.
"애니, 웜은 독특한 기어를 가진 휠이야. 운전대를 돌리면 기어에 연결된 너트가 움직이는데, 이 너트는 앞/뒤가 웜기어에 고정되어 있기 때문에 웜기어도 함께 움직이는 거야. 이렇게 웜기어의 운동은 피트먼 암을 움직이게 하고, 또 피트먼 암은 타이로드에 연결되어 있어서 타이로드가 자동차 바퀴를 조향하게 되는 거지."
점심 시간이 지난 후에, 크리스티앙이 왔습니다.
"오, 친구들, 내가 바퀴를 회전시키는 데 사용하는 베어링을 가져왔어."
"베어링이 바퀴를 회전시키다니 정말 근사한데. 그런데 움직이는 바퀴는 어떤 방법으로 멈추지?"
"글쎄, 브레이크를 사용하면 되지 않을까?"
"그래, 이제 우리의 생각을 모두 짜 맞춘다면, 어려운 게 없을 거야. 옆에 있는 정비공장에 가서, 자동차 브레이크가 작동하는 방법을 한 번 살펴 보자."
"그래 가 보자, 오늘은 너희와 함께여서 아주 즐겁구나."
크리스티앙이 낮은 목소리로 이야기했어요.

조향기어 박스
로커 샤프트
스티어링 너트
웜기어
피트먼 암

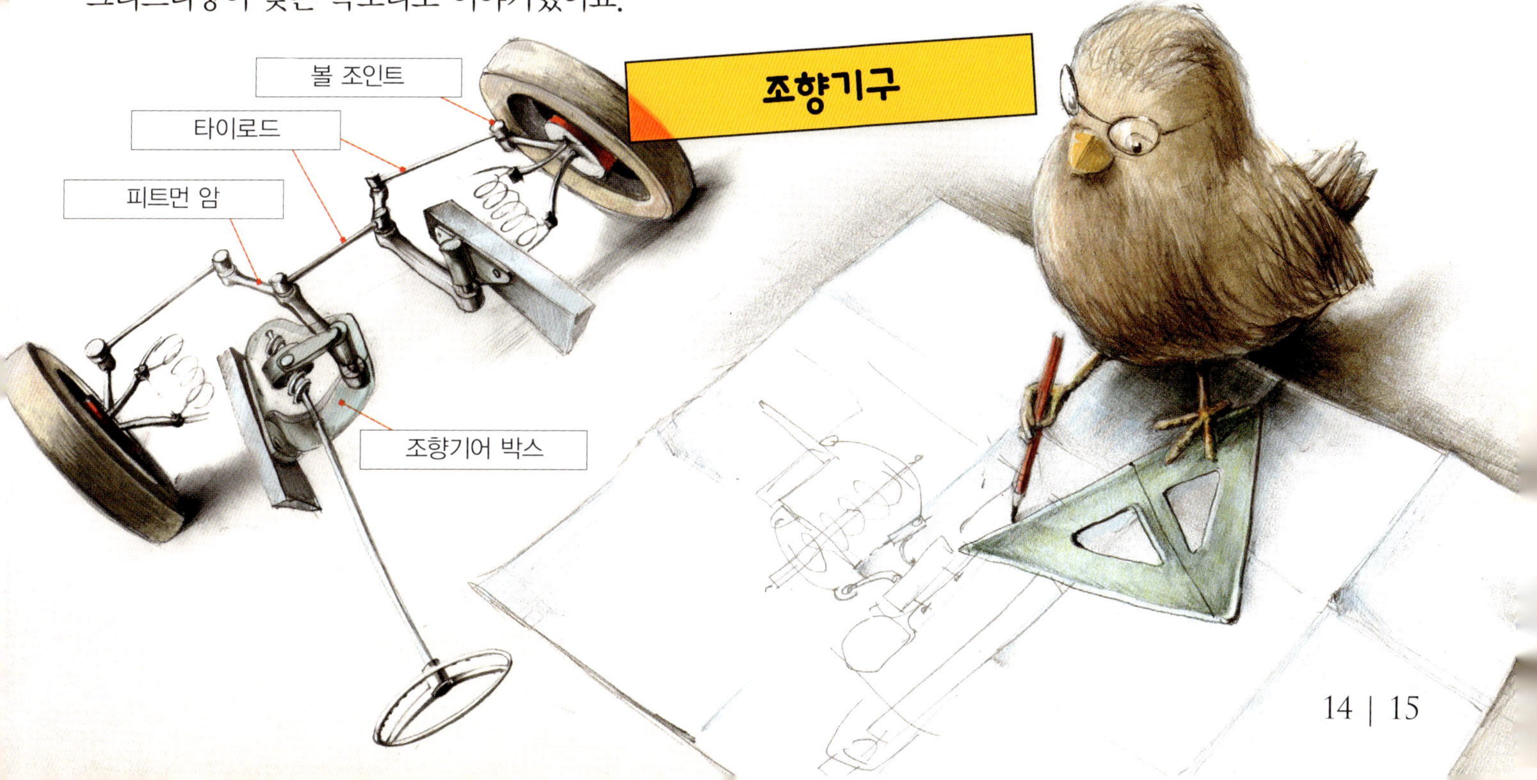

조향기구
볼 조인트
타이로드
피트먼 암
조향기어 박스

"여기에 브레이크 슈가 2개 있고, 위에는 휠 실린더가 있어. 정비공장에서는 아기돼지처럼 생겼다고 해서 이 휠 실린더를 아기돼지라고 불러. 우리가 브레이크 페달을 밟으면, 브레이크 마스터 실린더에 들어 있는 브레이크 액이 밀려 들어가면서 생긴 압력이 파이프를 통해서 아기돼지로 전달되는 거야. 이 압력에 의해 브레이크 슈가 벌어져서 드럼에 밀착되어 마찰을 일으키게 되면 자동차의 속도가 낮아져서 결국 멈춰 서게 되지."

"다시 말하자면 아기돼지가 압력이 높은 브레이크 액을 먹으면, 코와 엉덩이가 밀려 나온다는 거지?"

"뭐 그 말도 맞다고 해줄게. 애니. 자, 이제 가자."

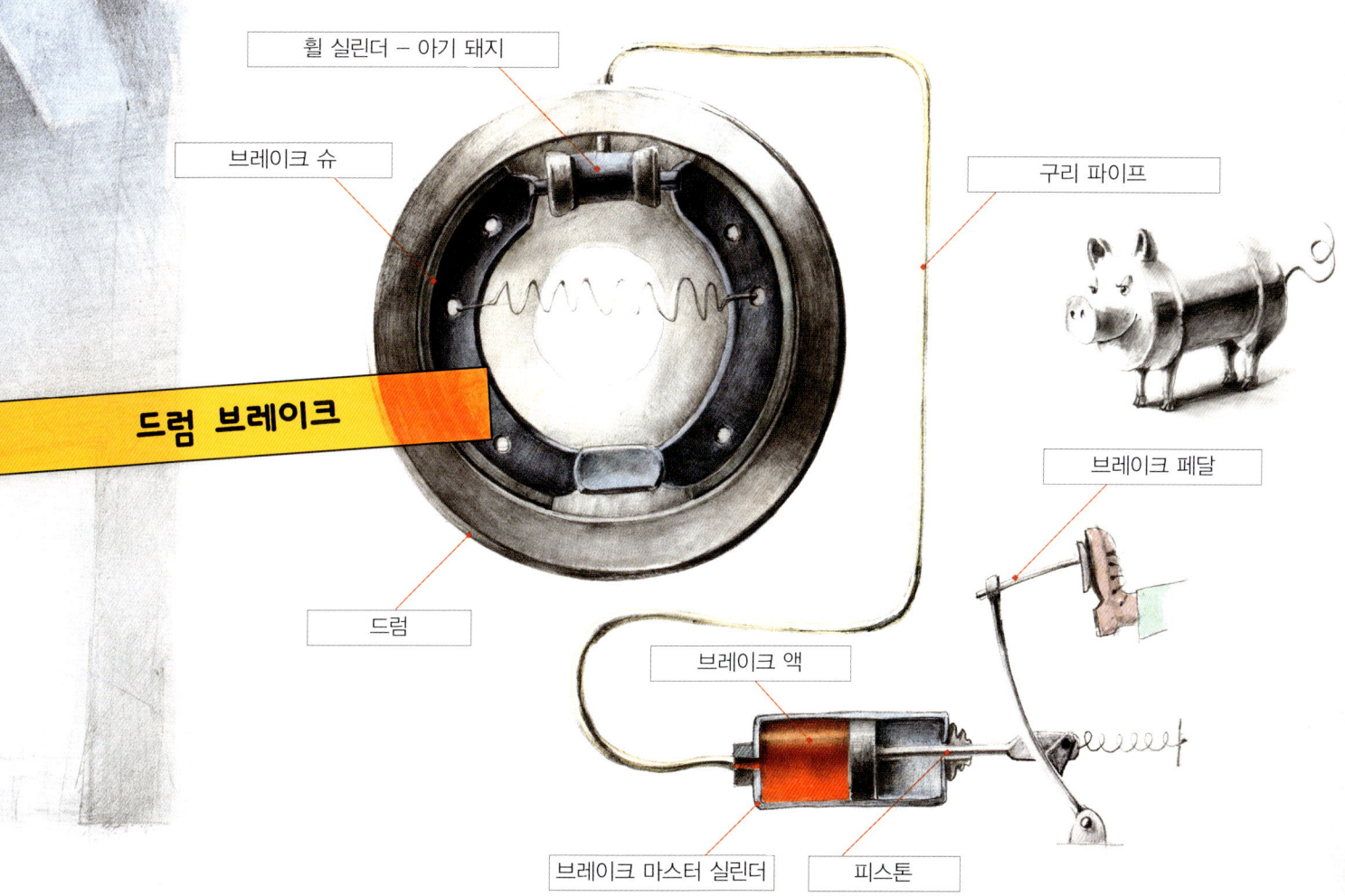

드럼 브레이크

"좋아, 이제 뒤 차축 어셈블리가 준비되었습니다. 크리스티앙, 차동기어를 구해줘서 고마워."
"자동차가 커브를 돌 때 양쪽 바퀴의 회전속도가 차이 나는데, 그 차이를 차동장치가 맞춰주는 거지. 만약 자동차에 차동장치가 없다면, 커브를 돌 때, 양쪽 바퀴가 똑같은 속도로 돌기 때문에 자동차가 미끄러지게 된단다. 그리고 엔진은 어떻게 만들고 있어? 엔진에 대해 뭐 아는 것이 있어?"
크리스티앙이 화제를 바꾸어 말했어요.
"지금 당장은 자동차 뒤쪽에 설치하는 것이라는 것만 알고 있을 뿐이야……."

뒤 차축

판 스프링
브레이크 드럼 하우징
브레이크 드럼
뒤 차축 튜브
고무 패킹
뒤 차축 하우징
(종감속장치와 차동장치 포함)

"안녕, 애니. 한동안 코빼기도 보이지 않더니, 이런 시시한 일로 땀을 빼고 있는 거였냐? 너는 나를 아주 나쁜 녀석으로 생각하나 본데……"
애니는 한밤중에 갑자기 키다리 잭을 만나게 되자, 기분이 나빠졌어요.
"네가 말하지 않아도 잘난 체하는 참새 녀석과 함께 자동차를 만들고 있다는 것 정도는 나도 알고 있다고. 이봐, 우리 패거리에 다시 끼워줄 테니 돌아 와. 같이 멋있게 놀아 보자."
"난 너희한테 돌아가고 싶지 않아."
애니는 온몸의 힘을 주고 단호하게 대답했어요.
"뭐? 그건 좋은 생각이 아닌 것 같은데, 절름발이. 좋게 말할 때 내일 저녁 7시에 우리가 노는 뜰로 와. 그렇지 않으면 너의 그 대단한 고물 자동차가 산산 조각되어 고철더미가 될테니 말이야."

바퀴(휠)

"내일은 반드시 이 차에 맞는 멋진 실린더헤드를 구해 줘. 크리스티앙, 다시 한 번 고철상을 샅샅이 뒤져 봐. 헤드는 우리가 직접 만들 수 없으니까." 라고 빌이 말했어요.
그 때 애니가 인사도 없이 들어와 큰소리로 외쳤어요.
"큰일났어, 친구들. 키다리 잭이 우리 자동차를 산산조각 내버리겠대!"
"뭐라고? 키다리 잭이 우리 자동차를 왜?" 깜짝 놀란 빌이 애니에게 물었어요.
"키다리 잭이 나보고 골목깡패단으로 다시 돌아오래. 그렇지 않으면, 여기 있는 모든 것들을 조각조각 부숴 버린다는 거야."
마침내 빌이 애니의 말을 알아 들었고, 크리스티앙도 사태의 심각함을 깨닫게 되었습니다. 한참 동안 셋 다 아무 말도 하지 않았어요. 마침내 크리스티앙이 먼저 말을 꺼냈지요.
"오늘 내가 실린더헤드를 찾느라고 얼마나 힘들었는지 아니? 그런데, 나는 뭔가를 찾을 때면 내가 원래 찾으려는 것 말고 다른 것을 찾게 된단 말이야."
크리스티앙은 시무룩한 표정으로 빌을 쳐다보며 말했어요. 그러자 빌이 크게 소리를 질렀어요.
"어서 말해 봐, 실린더헤드 대신 뭘 찾았는데?"
"내가 마침내 완벽하고 멋진 바퀴들을 찾아냈어."
"그런데?" 빌이 크리스티앙을 재촉했어요.
"만약 바퀴를 단다면, 일단 모든 장치들을 설치할 수 있을 거야. 그러면 어디에든 감쪽같이 숨길 수 있지 않을까?"
"그래, 멋진 생각이야. 너는 정말 환상적인 개구리야. 방금 자동차를 숨길 만한 근사한 장소가 떠올랐어." 애니가 의기양양하게 대답했어요.
"너, 개구리라고 한 번만 더 부르면, 가만 있지 않겠어."
"다행히 처음 닥친 문제는 그럭저럭 해결된 것 같구나." 빌은 이렇게 둘의 말다툼을 끝내버렸어요.

"자, 여러분. 이제 밖으로 나갑시다. 정말 멋진 바퀴들이야. 이제 드디어 제법 자동차처럼 보이는데."
"잠깐, 멈춰 봐. 먼저 차동장치에 윤활유를 좀 넣어 줘야 해."
느긋한 표정으로 애니를 바라보면서 빌이 말했습니다.
"너무 멀리 나가지 마. 만약에 키다리 잭의 패거리가 보기라도 한다면 그 동안 들인 우리의 노력은 완전히 물거품이 되는 거야."
"너무 겁먹지 마, 그럼, 이제 이동하자!"
"그럼, 어서 가자."
크리스티앙이 크게 소리지르면서 재촉하였습니다.

섀시

- 타이어
- 위 컨트롤 암
- 스티어링 암
- 아래 컨트롤 암
- 앞 차축
- 조향 기어
- 타이로드
- 브레이크 드럼

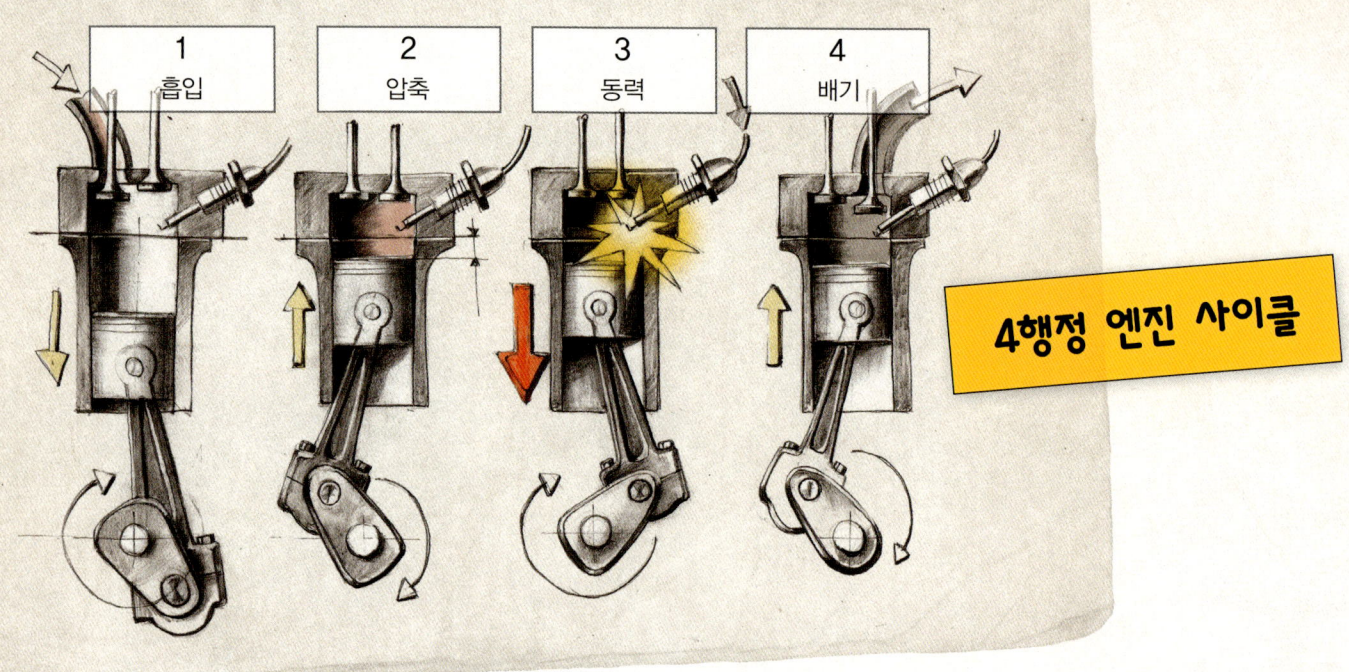

4행정 엔진 사이클

새로 마련한 비밀 차고에 도착한 빌이 엔진에 대해 말하기 시작했어요.

"우리는 여러 가지 엔진들 중에서 4행정 엔진을 사용할 거야. 내가 엔진이 어떻게 작동하는지 설명해 줄게. 4행정 엔진에서 첫 번째 행정은 흡입행정이야. 피스톤이 아래로 내려가면서 기화기로부터 기화된 휘발유의 작은 방울들을 공기와 함께 열려 있는 흡입밸브를 통해서 흡입하는 거야. 두 번째 행정은 압축행정이야. 흡기밸브와 배기밸브가 모두 닫히고 피스톤은 위쪽으로 올라가, 그러면 공기와 혼합된 휘발유는 완전히 기화되면서 압축되는 거야. 피스톤이 올라갈 수 있는 최고 꼭대기까지 올라가기 바로 직전에 세 번째 행정인 연소행정이 시작되는 거야. 연소는 반드시 피스톤이 꼭대기에 도달하기 전에 시작되어야 해. 그렇게 해서 폭발이 일어나면, 그 폭발력에 의해 피스톤이 아래로 내려가면서, 엔진을 작동시키는 거야."

"폭발이라고?" 애니는 놀란 거 같았어요.

"계속 들어 봐. 그 다음에 네 번째로 배기행정이 시작되는데, 배기행정에서는 배기밸브가 열리고, 연소된 가스가 배기관을 통해서 대기 중으로 배출된단다. 이 배기가스가 환경을 오염시키는 원인 중의 하나야."

"자, 들어 봐. 엔진이 작동할 때 발생하는 쾅쾅거리는 이 소리가 얼마나 시끄러운지! 엔진이 가장 천천히 작동할 때, 엔진은 1분에 약 600회전을 해. 그럼 1초에 10회전을 하는 거야. 우리가 액셀러레이터 페달을 밟아 가속을 해서 엔진이 1분에 3000회전을 한다면, 즉 1초에 50회전을 하는 거야. 이때 각 실린더에서는 2회전할 때마다 1번씩 폭발이 일어나, 그러니까 각 실린더에서는 1초에 25번씩 폭발이 일어나는 거지. 정말 시끄럽겠지?"

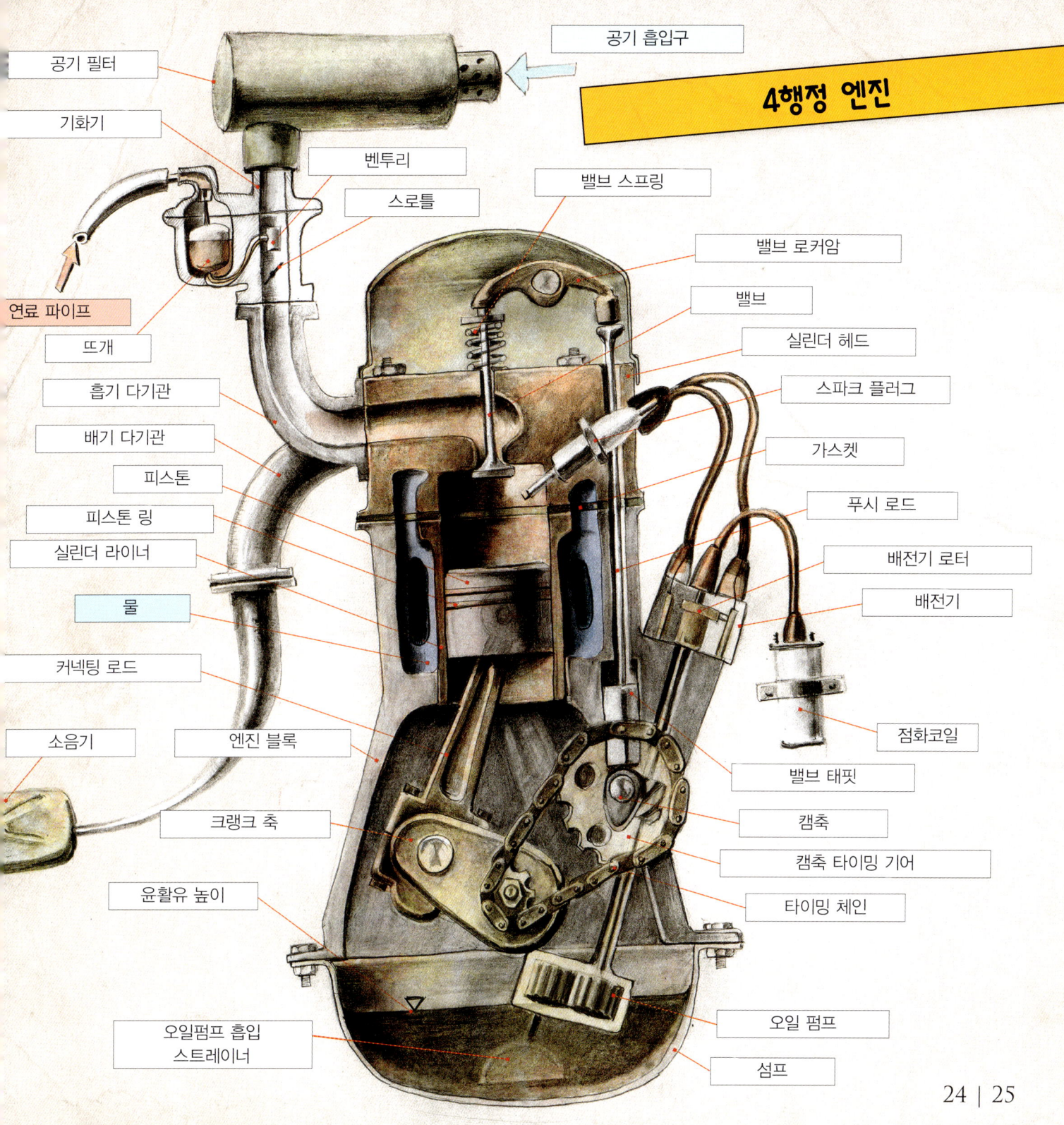

이 그림을 통해 각기 다른 물질들이 나뉘어서 어떻게 엔진 안으로 들어가고, 변하며, 어떤 일을 하는지를 쉽게 알 수 있다.

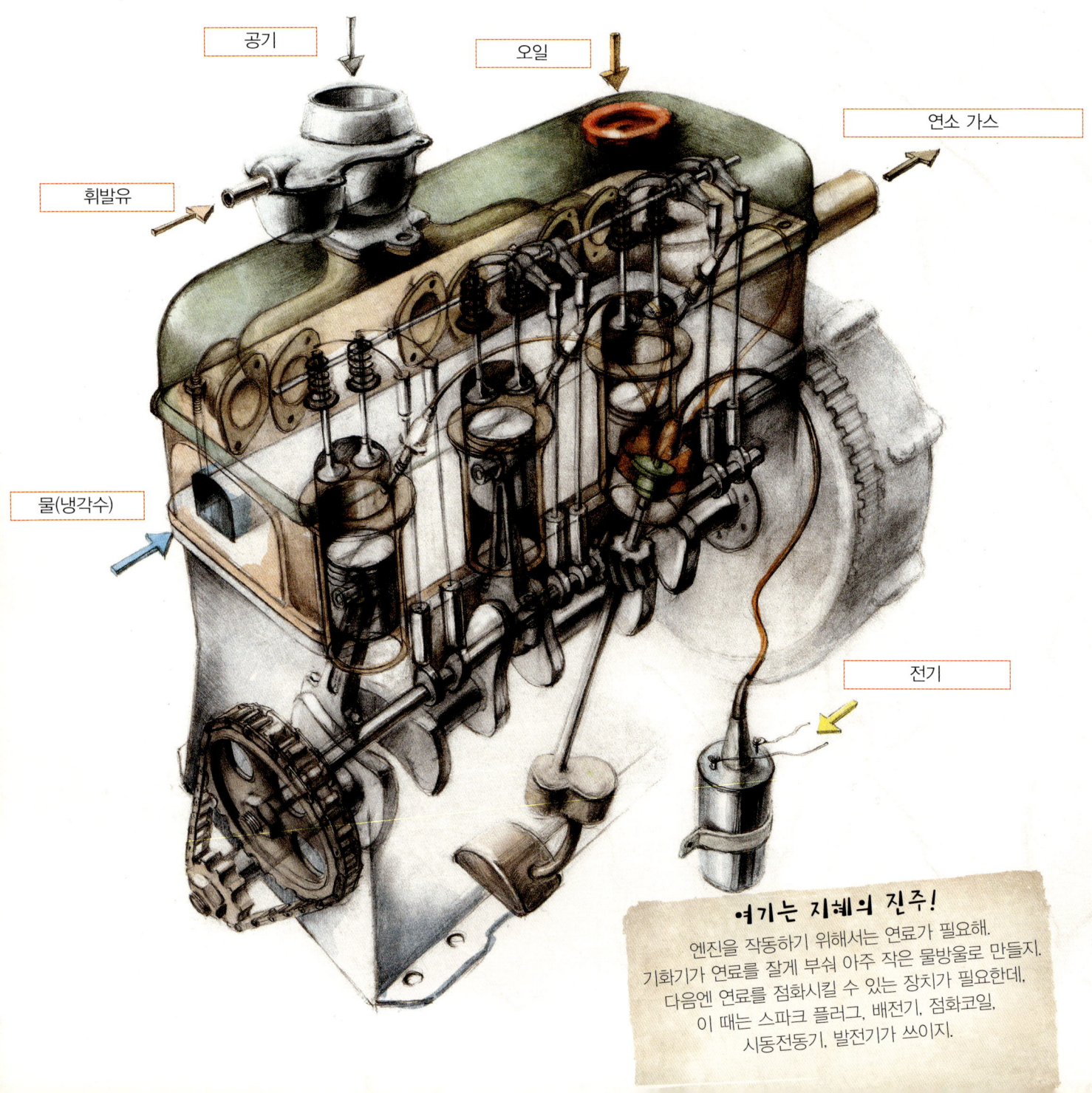

여기는 지혜의 진주!
엔진을 작동하기 위해서는 연료가 필요해.
기화기가 연료를 잘게 부숴 아주 작은 물방울로 만들지.
다음엔 연료를 점화시킬 수 있는 장치가 필요한데,
이 때는 스파크 플러그, 배전기, 점화코일,
시동전동기, 발전기가 쓰이지.

"이 그림을 잘 봐. 휘발유는 기화기를 거쳐 아주 작은 수증기처럼 되어야만 실리더 안으로 쉽게 흘러 들어갈 수 있어. 엔진 1대에 기화기 1개만 있으면 돼. 기화된 연료와 공기가 혼합되어 흡기 다기관을 통해서 각 실린더로 분배가 돼. 어려운 거 같지만, 네 여자친구 루시가 향수병에 든 향수를 뿌릴 때와 비슷한 원리야." 빌이 애니를 놀리며 이야기를 마무리 지었어요.

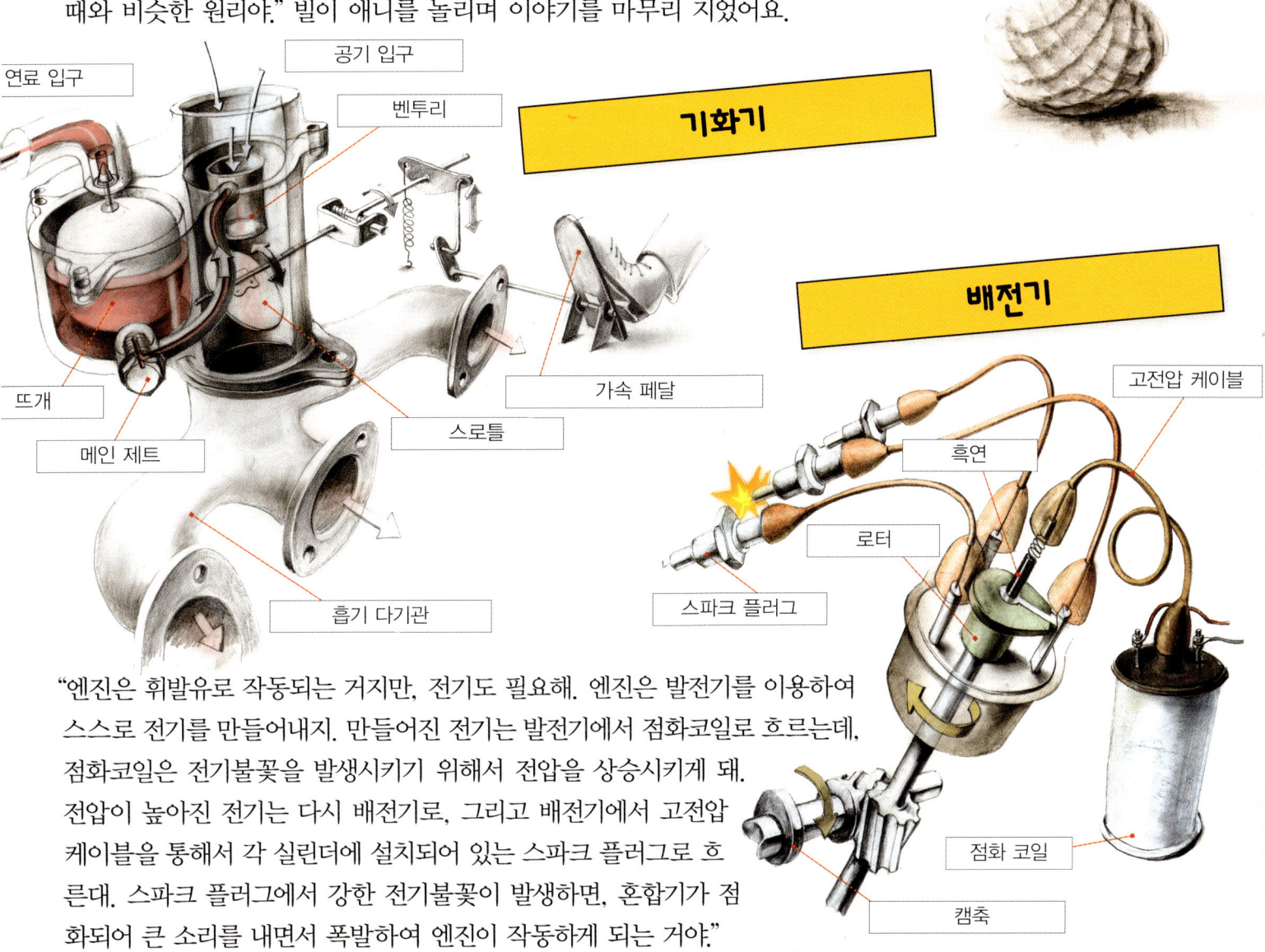

"엔진은 휘발유로 작동되는 거지만, 전기도 필요해. 엔진은 발전기를 이용하여 스스로 전기를 만들어내지. 만들어진 전기는 발전기에서 점화코일로 흐르는데, 점화코일은 전기불꽃을 발생시키기 위해서 전압을 상승시키게 돼. 전압이 높아진 전기는 다시 배전기로, 그리고 배전기에서 고전압 케이블을 통해서 각 실린더에 설치되어 있는 스파크 플러그로 흐른대. 스파크 플러그에서 강한 전기불꽃이 발생하면, 혼합기가 점화되어 큰 소리를 내면서 폭발하여 엔진이 작동하게 되는 거야."

"발전기로부터 생산된 전기는 쓸모가 많아. 예를 들면, 밤에 전등을 켜는데 사용할 수 있어. 크리스티앙이 차에 축전지를 설치한다면, 주행 중에 전기를 축전지에 저장할 있고, 나중에 저장된 전기를 이용하여 시동모터로 자동차에 시동을 걸 수 있는 거야."

빌이 떨리는 목소리로 말했어요.
"조심해, 친구들. 지금은 정말 중요한 순간이야. 엔진을 엔진 마운트라고 하는 2개의 고무 부시에 설치해야 한다구. 엔진 마운트는 엔진의 진동과 소음이 차체에 전달되는 것을 막아주는 역할을 하거든. 그 다음에는 엔진 뒤쪽에 달린 플라이휠에 클러치와 변속기를 설치할 거고, 변속기는 차대에 설치되어 있는 세 번째 고무 마운트에 설치할 거야. 이게 다 끝나고 나면, 클러치와 변속기가 작동하는 방법을 알려줄게.

"빌, 그렇게 너 혼자 계속 떠들어야겠니? 설명은 내가 어깨에서 이 1,000kg(킬로그램)의 쇳덩어리를 내려 놓은 다음 하는 게 어때?" 크리스티앙이 가쁜 숨을 내쉬며 한 마디 했습니다.
"조금만 더 들어 올려. 그래, 됐어!"
"만세! 이제 우리 축배를 들자."
"축배를 들기 위해 기꺼이 내가 아끼는 물을 내놓을게. 작년에 내린 아주 맛있는 빗물을 조금 모아두었거든."
애니는 뭔지 모를 감정이 북받쳐 오르는 걸 느꼈어요.

차대에 엔진 설치하기

- 배기 다기관
- 팬 벨트
- 방열기로부터의 차가운 냉각수 입구

엔진과 변속기 설치하기

- 자재 이음
- 변속기
- 클러치
- 엔진

"내가 이미 말했지? 엔진과 휠 구동장치 사이에는 반드시 변속기가 있어야 한다고……. 자동차가 처음 출발할 때는 속도가 느린 1단 기어와 연결되는 거야. 엔진의 힘은 세지만 자동차의 속도는 느려. 점차 다른 기어로 바꾸어 결국 최고속도로 달리게 하는 거야. 천천히 가고 싶으면, 속도가 느린 기어를 선택해야 해."

"나는 절대 천천히 가고 싶지 않거든!"

"변속기에는 또 반드시 후진기어가 있어야 돼. 그림을 한 번 봐. 변속레버가 어떻게 셀렉터 포크를 통제하는 지를 쉽게 알 수 있어. 변속레버를 움직이면, 셀렉터 포크가 움직여서 톱니기어들이 서로 맞물리게 되는 거야. 나도 변속기에 대해 확실하게 알기까지는 꽤 오래 걸렸어. 그렇게 쉽지는 않아."

"빌, 나는 좀더 공부를 해야 할 것 같아. 너도 처음에는 이해하기 어려웠다고 말했잖아. 지금 내 머릿속이 뒤죽박죽이야."

"그래도 변속기에 대해서 조금은 알았지? 어쨌든 엔진의 힘은 긴 축을 통해서 뒤쪽에 설치된 종감속장치와 차동장치로 전달되는 거야. 긴 축을 추진축이라고 하고, 이음쇠를 '만능이음'이라고 해. '만능이음'은 내가 붙인 이름이야. 애니 네가 다른 이름을 붙이고 싶을 수도 있겠지만……."

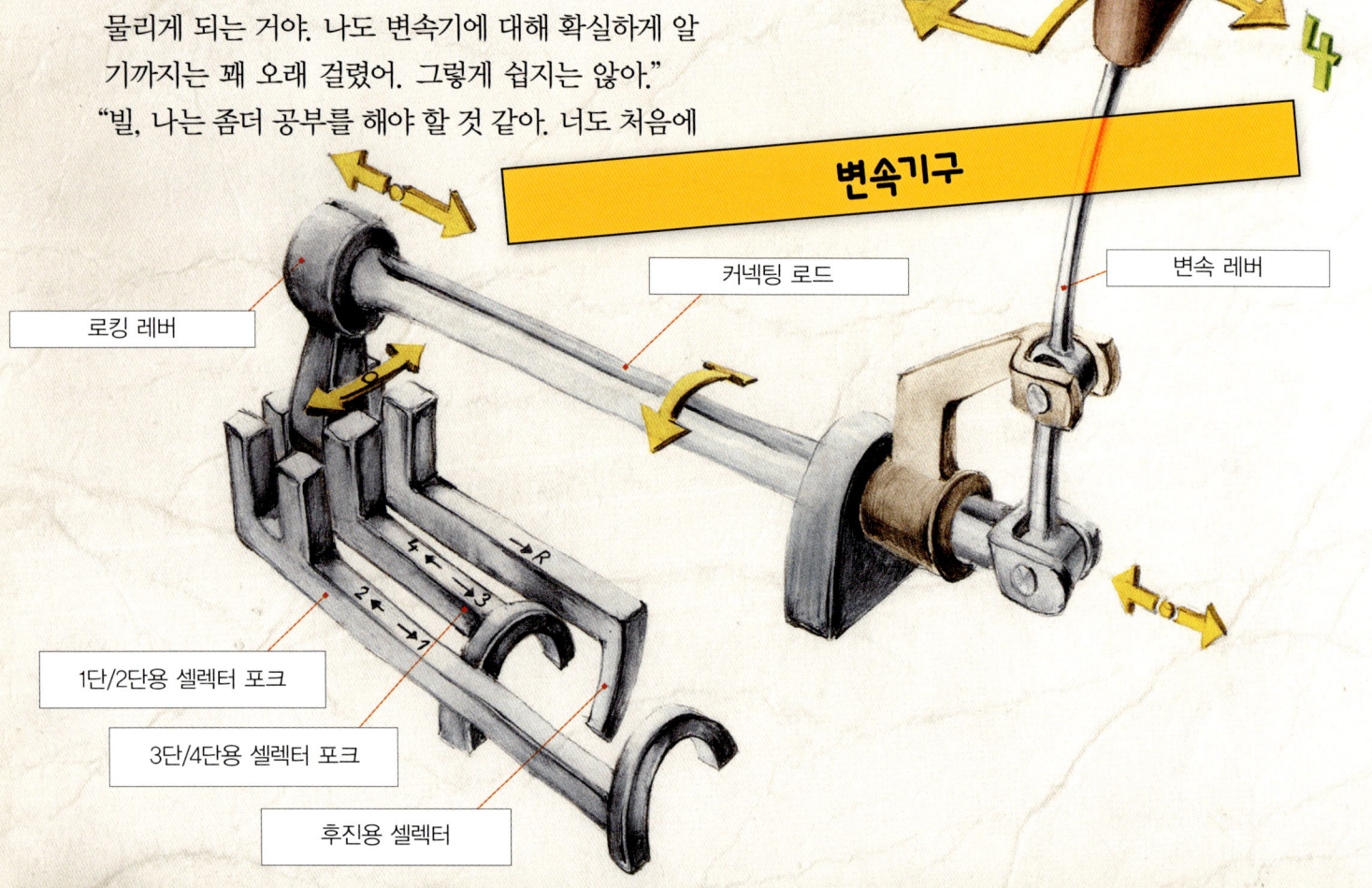

변속기구

- 변속 레버
- 커넥팅 로드
- 로킹 레버
- 1단/2단용 셀렉터 포크
- 3단/4단용 셀렉터 포크
- 후진용 셀렉터

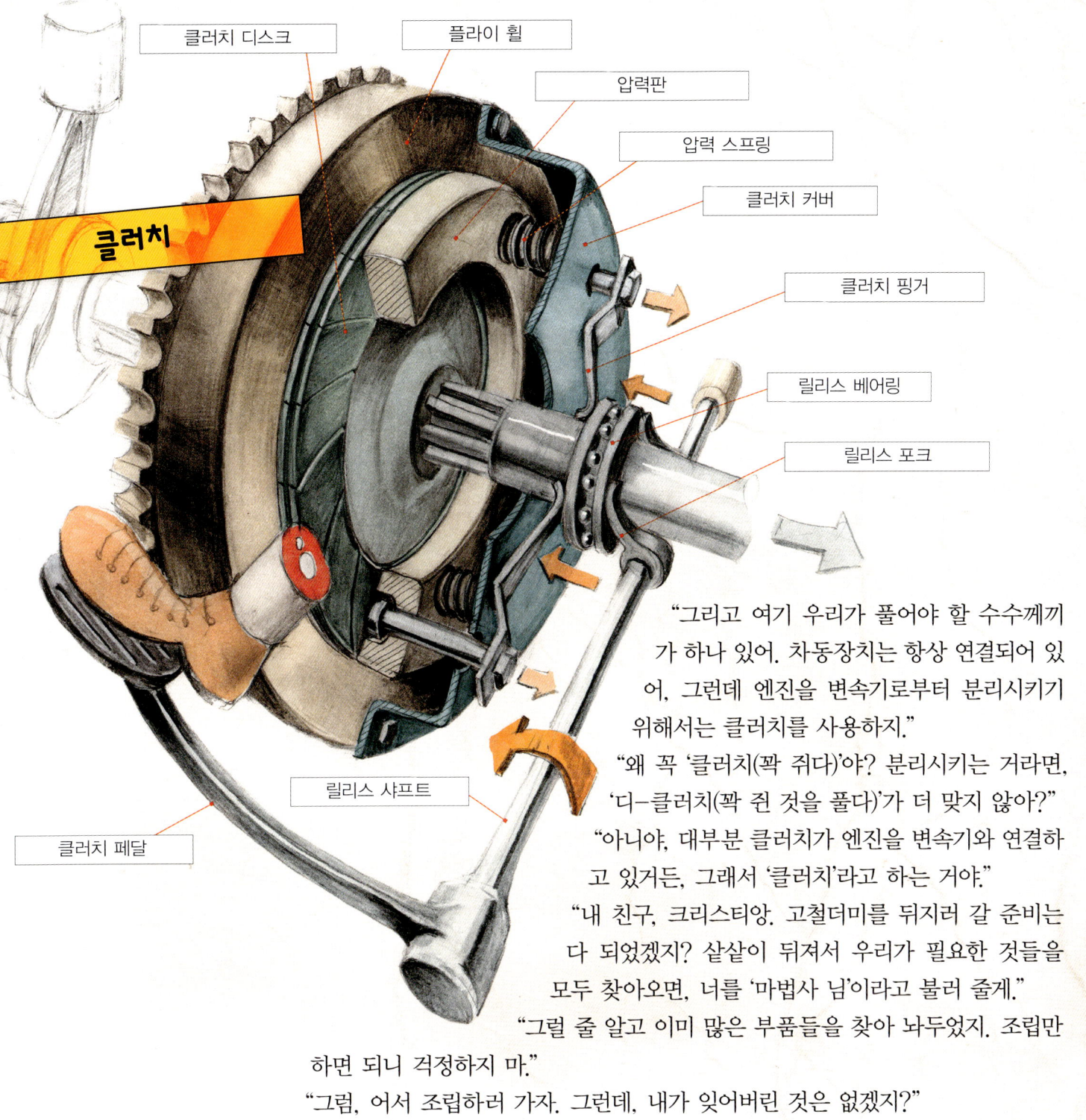

클러치

- 클러치 디스크
- 플라이 휠
- 압력판
- 압력 스프링
- 클러치 커버
- 클러치 핑거
- 릴리스 베어링
- 릴리스 포크
- 릴리스 샤프트
- 클러치 페달

"그리고 여기 우리가 풀어야 할 수수께끼가 하나 있어. 차동장치는 항상 연결되어 있어. 그런데 엔진을 변속기로부터 분리시키기 위해서는 클러치를 사용하지."

"왜 꼭 '클러치(꽉 쥐다)'야? 분리시키는 거라면, '디-클러치(꽉 쥔 것을 풀다)'가 더 맞지 않아?"

"아니야, 대부분 클러치가 엔진을 변속기와 연결하고 있거든, 그래서 '클러치'라고 하는 거야."

"내 친구, 크리스티앙. 고철더미를 뒤지러 갈 준비는 다 되었겠지? 샅샅이 뒤져서 우리가 필요한 것들을 모두 찾아오면, 너를 '마법사 님'이라고 불러 줄게."

"그럴 줄 알고 이미 많은 부품들을 찾아 놔두었지. 조립만 하면 되니 걱정하지 마."

"그럼, 어서 조립하러 가자. 그런데, 내가 잊어버린 것은 없겠지?"

"크리스티앙을 '마법사 님'이라고 부르는 걸 잊어버린 거 같은데? 하하."

며칠 만에 나타난 애니가 들어오자마자 두 친구에게 말했어요.

"며칠 전에 하마터면 키다리 잭 패거리 중 한 명에게 들킬 뻔했어. 혹시 그 녀석이 나를 봤을지도 몰라서 한동안 여기 올 수 없었어. 언젠가는 결국 키다리 잭 패거리가 우리를 찾아 낼 거야. 그렇게 되면, 끔찍한 일이 생길 거야. 크리스티앙, 네가 우리와 함께 있다는 것을 키다리 잭이 알게 되면 너까지 협박하지 않을까?"

애니는 걱정스러운 말투로 이야기했지만, 크리스티앙은 오히려 담담했어요.

"그 패거리는 나를 협박할 수 없어.

"어째서? 키다리 잭 녀석이 결국 너까지 찾으러 올 거야."

"아니야, 난 그렇게 쉽게 당하지 않아. 그러니 걱정 마. 내 생각에 키다리 잭은 그저 동네 여기저기 돌아다니며 좀도둑질을 하고 또 무엇인가를 부수는 그런 시시한 골목대장에 지나지 않아."

"그렇다고 해도, 키다리 잭 녀석은 무언가를 요구할 거야. 우리 자동차를 빼앗아간다면 그 패거리에게는 큰 도움이 될 거야."

"빌, 생각 좀 해 봐."

애니가 빌을 재촉했어요.

"지금 당장에는 좋은 생각이 떠오르지 않아. 우선 일을 시작하자. 일을 하다 보면 좋은 생각이 떠오를 거야."

클러치, 변속기 및 유니버설 조인트 어셈블리

발전기

클러치 페달

브레이크 페달

"걱정하지 마, 애니. 나한테 생각이 있어. 우선 오늘 섀시 작업을 모두 끝마치자. 방열기를 설치하는 작업이 아직 남아 있어. 그리고 너희에게 엔진 냉각장치의 작동 방법을 설명해 주고 싶어."
빌이 작업을 시작하며 말했어요.
"엔진 냉각장치에 대해서는 이미 우리에게 설명을 했어. 게다가 여기 엔진 냉각장치 그림이 있어. 이 그림을 보면 모든 것을 잘 이해할 수 있다고."
애니가 빌에게 말했어요.

"좋아, 좋아. 이제 내일이 기대된다. 내가 디자인한 멋진 차체를 내일 너희에게 보여 줄 게. 오늘 밤에 약간만 더 수정하면, 디자인 작업은 모두 끝나거든. 둘 다, 깜짝 놀랄 거야. 아마 입이 떡 벌어져서 말도 못 할거야."
"그래. 내일은 도대체 무슨 일이 벌어질지 정말로 기대된다."

엔진 냉각장치(수냉식)

- 히터로 가는 뜨거운 물 출구
- 실린더 라이너
- 방열기로부터의 차가운 물 입구
- 방열기로 가는 뜨거운 물 출구
- 냉각수(물)
- 방열기 물 주입구 캡
- 물 펌프
- 팬
- 발전기 풀리
- 방열기
- 크랭크 축 풀리, 팬을 포함한 구동벨트 풀리 (동시에 발전기 풀리)

34 | 35

"오, 어떻게 이런 황당한 일이! 자동차가 없어졌어! 키다리 잭 녀석이 마침내 우리의 비밀 장소를 찾아내고야 말았나 봐. 빌이 이 사실을 알면 미쳐버릴 거야. 그렇지만 영리한 빌에게 우선 알려야 해. 지금 당장은 내 말을 들어 줄 친구도 없고, 해결방법도 찾을 수도 없어서 정말로 괴로워. 내게 가장 필요한 것은 '내게 좋은 생각이 있어!'라고 빌이 말하는 거야. 더 이상 이대로 참을 수 없어. 어떻게든 그 키다리 잭 녀석을 박살내고 말 거야."
애니는 혼자 정신없이 중얼거렸어요.

"아이구, 지금 내가 제 정신이 아니야. 우선 마음을 가라앉히고 친구들이 올 때까지 기다려야 돼. 친구들과 함께 의논하면 해결책을 찾을 수 있을 거야. 우리는 항상 어려운 문제를 함께 극복해 왔으니까 이렇게 그냥 포기하지는 않을 거야!"

"안녕, 애니."
"티치! 너 때문에 깜짝 놀랐잖아. 너희 패거리가 우리 자동차를 훔쳐 갔지? 야, 우리 자동차를 어디다 숨겼어?"
"잠깐만, 애니. 진정해. 너한테 할말이 있어."
애니는 화가 머리끝까지 났기 때문에 쉽게 진정할 수가 없었어요.
"우리 자동차는 어디 있냐고?"
"빨간 하수구 옆 낡은 차고에 있어. 잠깐, 내 말을 마저 다 들어 봐."
"어서 말해 봐. 뭔데? 키다리 잭 녀석이 너를 보냈어?"
"아니야. 내가 너를 만나러 온 건 순전히 루시와 프레드의 생각이야. 물론 내 생각도 들어 있고. 내가 너를 찾아왔다는 걸 키다리 잭이 알기라도 한다면, 나를 가만두지 않을 거야. 애니, 잭은 너희의 자동차를 박살을 내고 싶어해."
"아직 자동차를 부수지는 않았다는 말이지? 불행 중 다행이네."
"그건 네가 어떻게 생각하느냐에 달려 있어. 잭이 너희가 숨어 있는 곳을 찾아내기 전에, 우리가 먼저 자동차를 다른 곳으로 옮겼어. 키다리 잭은 빨리 자동차를 산산조각 내고 싶어해. 그런데 우리가 먼저 자동차를 숨겼기 때문에 그렇게 할 수가 없었지. 키다리 잭은 우리들에게 고래고래 소리를 지르고 나서 내일까지 자동차를 찾아오지 않으면, 우리들을 가만두지 않겠다고 했어. 애니, 우리는 키다리 잭이 너희가 만든 자동차를 부수는 것을 원하지 않아. 우리는 너희가 자동차를 만들 수 있도록 도와주고 싶어."
"우리를 돕고 싶다고? 그럼 그 대가로 얼마를 주어야 하는데?"
"바보 같은 소리 하지 마. 우리도 키다리 잭을 따라다니며 하는 어리석은 짓을 더 이상 하고 싶지 않아. 너희가 하는 일이 더 재미있다고 생각해. 그래서 우리는 너희를 도와주고 싶고, 자동차가 어떻게 작동하는지를 알고 싶어. 사실, 나는 오래 전에 너희의 비밀 장소를 찾아냈고, 그 뒤로 줄곧 아무도 모르게 너희를 지켜보고 있었어."

다음 날, 제일 먼저 키다리 잭의 패거리였던 티치와 루시, 그리고 프레드가 애니와 빌 그리고 크리스티앙을 만났어요. 모두 모여 계획을 세웠습니다. 자동차를 새로운 비밀장소로 옮기고, 만약에 옮기다가 키다리 잭에게 들키게 되면, 모두 힘을 합쳐서 잭을 실컷 두들겨 패주기로 했지요.
다행히 잭에게 들키지 않고 30분 만에 자동차를 안전하게 옮길 수 있었어요. 멋진 자동차 정비공장을 가지고 있는 티치의 삼촌이 주저하지 않고 우리 친구들에게 비밀장소를 빌려 주었기 때문이죠. 그러나 키다리 잭이 자기 부하였던 티치와 루시 그리고 프레드의 배신을 안다면 결코 가만 있지 않을 것이기 때문에, 모두들 정말로 조심해야만 했어요.

디자인

조금 우쭐대며 빌이 말했어요..
"자, 이제부터 즐겁게 우리가 하던 일을 계속하자. 드디어 너희에게 내가 정성을 들여 만든 차체 디자인을 보여 줄게. 어떻게 생각해?"

빌이 그린 디자인을 펼쳐 놓고 다 같이 의견을 나눴어요. 빌과 애니 사이에 날카로운 의견 대립이 있었지만, 오래 계속 되지는 않았어요. 고맙게도, 두 사람은 차근차근 의견 차이를 줄였고, 곧 차체 작업을 시작할 수 있었어요.

차체 제작하기

"차체의 각 부분을 제작하기 위해서 우리는 먼저 나무로 만들어 봐야 해. 그걸 '목형'이라고 불러. 얇은 철판을 목형에 붙이고, 망치로 두드려서 차체 각 부분의 모양을 만드는 거야. 그런 다음에 각각의 부분들을 용접하여 차체를 만들지. 차체의 표면도 복잡해 보이지만, 실제로 만드는 과정은 정말로 더 복잡해."

"그 작업을 나도 한 번 해보면 안 될까?" 애니가 일하는 것을 부러운 눈길로 바라보던 티치가 물었어요.
"그건 어려워, 티치. 차체 용접작업은 초보자가 할 수 있는 쉬운 작업이 아니야. 모든 작업은 완벽하고 정확해야 하기 때문이지."
"일단 하다보면 배우는 거지. 너도 처음부터 알았던 거 아니잖아?"
"판금기술자였던 할아버지께서 나를 가르치셨어. 난 어렸을 때 할아버지의 공장일을 도와 드려야만 했지. 거기서 무시무시한 쇳조각이 다리에 떨어져서 내가 절름발이가 되긴 했지만……."

"우리 아버지는 내게 아무 것도 하지 못하게 했어. 항상 "뭐라고? 내가 해 줄게" 라고 하시고는 일하는 근처에 내가 얼씬도 하지 못하게 하셨어."
"그래 네 말이 맞아, 티치. 아무것도 시도해 보지 않고 '나는 다 큰 쥐다' 라고 떳떳하게 말할 수 없을 거야. 이곳을 한 번 용접해 봐. 네가 하려고 마음만 먹으면 언제든지 시도해 볼 수 있어."

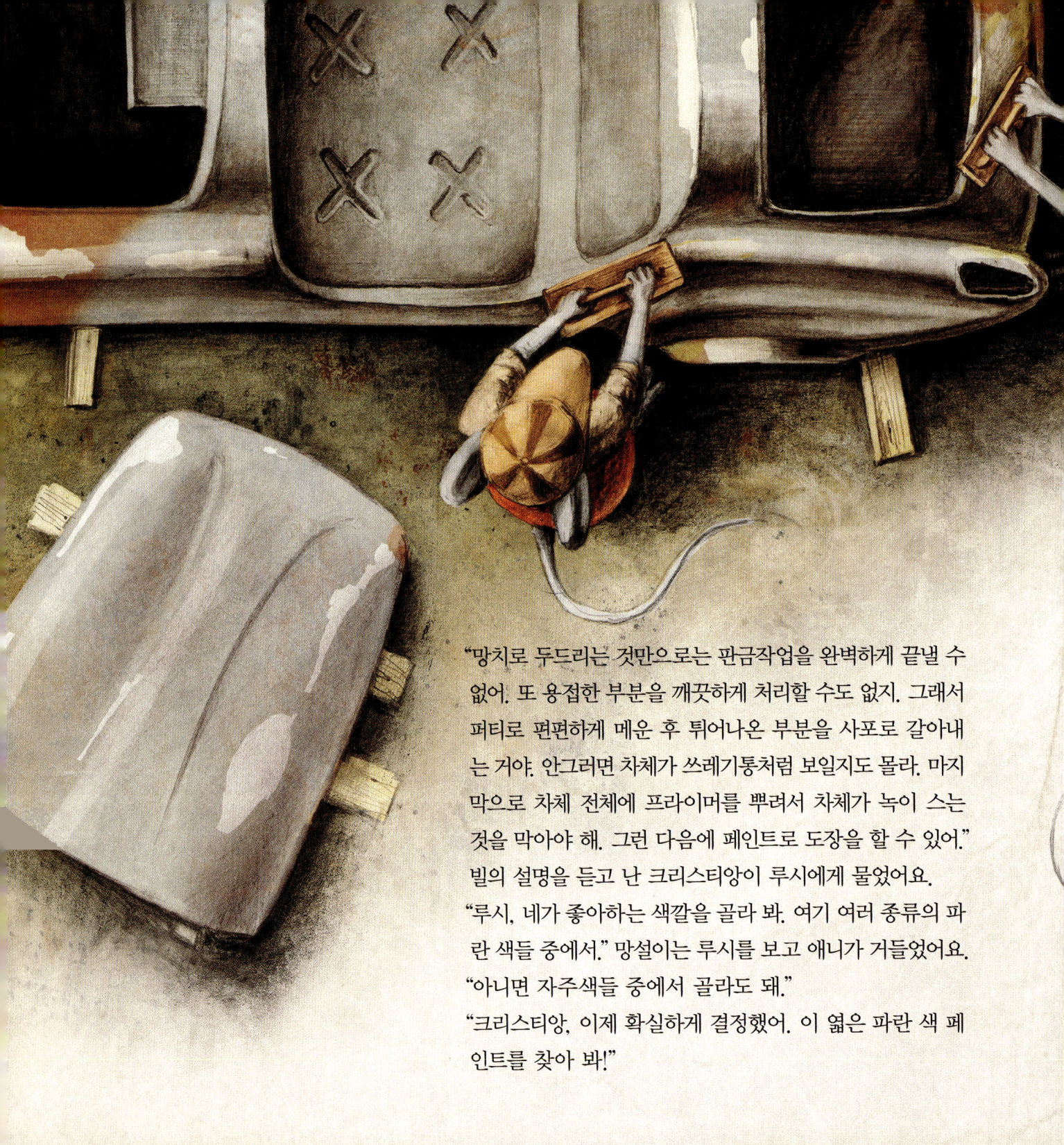

"망치로 두드리는 것만으로는 판금작업을 완벽하게 끝낼 수 없어. 또 용접한 부분을 깨끗하게 처리할 수도 없지. 그래서 퍼티로 편편하게 메운 후 튀어나온 부분을 사포로 갈아내는 거야. 안그러면 차체가 쓰레기통처럼 보일지도 몰라. 마지막으로 차체 전체에 프라이머를 뿌려서 차체가 녹이 스는 것을 막아야 해. 그런 다음에 페인트로 도장을 할 수 있어."
빌의 설명을 듣고 난 크리스티앙이 루시에게 물었어요.
"루시, 네가 좋아하는 색깔을 골라 봐. 여기 여러 종류의 파란 색들 중에서." 망설이는 루시를 보고 애니가 거들었어요.
"아니면 자주색들 중에서 골라도 돼."
"크리스티앙, 이제 확실하게 결정했어. 이 엷은 파란 색 페인트를 찾아 봐!"

차체 도장하기

"프레드! 네가 도장 전문가 훈련을 받았다는 사실을 왜 우리한테는 이야기하지 않았어?"
"너희가 언제 나한테 물어 본 적이나 있어?"
"네가 스프레이 페인트로 벽에 그린 그림들은 언제나 최고였어."
"고맙다, 애니. 하지만 지금은 나한테 아무 말도 걸지 마. 나는 지금 정신을 집중해야 돼. 만약 페인트가 흘러내리기라도 하면, 엄청 짜증이 날 거야. 그러면 아마도 페인트를 뿌려서 너를 파란 쥐로 만들어 버릴지도 몰라."

차체를 섀시에 조립하기

"애니, 그 꼬마를 안쪽으로 조금만 더 밀어 줄래?"
"뭐? 난 꼬마가 아니라 티치라구. 애니, 너는 어떻게 저런 털 많은 참새하고 친구가 되었니?"
"입씨름 그만해, 친구들아. 10초 내에 일이 끝나지 않으면 너희 다리에 차체를 내려 놓고, 나는 자러 갈 거야."
"이 쪽으로 조금만, 조금만 더! 자, 이제 내려 놔"
"됐어, 잘 됐어!"
모두 기쁜 마음으로 자동차를 바라보았어요.

46 | 47

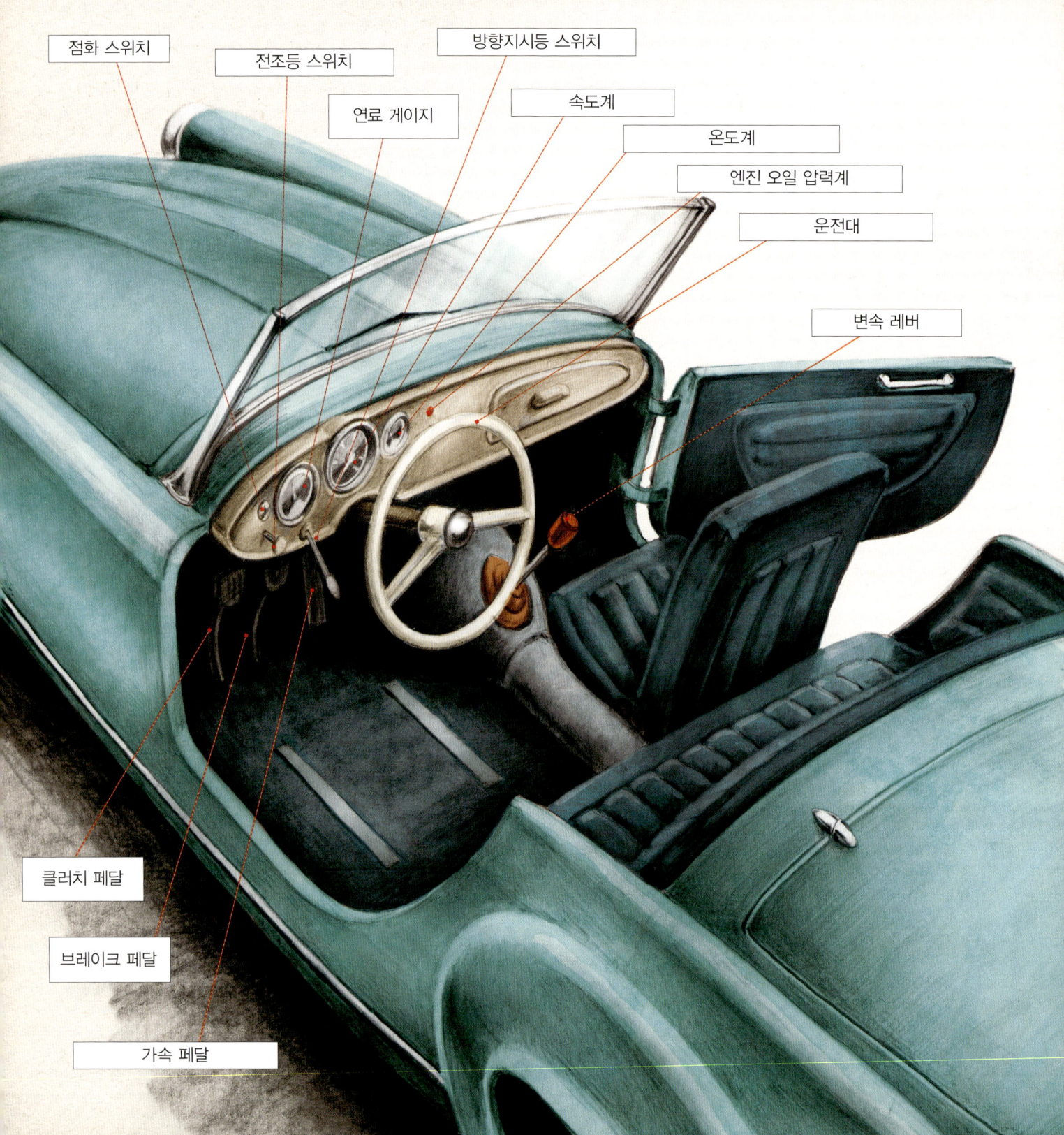

자동차 실내 장식

"자동차 실내장식은 꼭 해야 되는 거라기보다 선택해서 하는 작업이야. 크리스마스 트리를 장식하는 것과 비슷하지. 개구리 녀석이 크롬 부품과 시트를 어디서 구했는지 모르겠지만, 모든 것들이 서로 너무나 잘 어울려. 정말 완벽해!"

"애니, 계기판을 다 연결했어? 특히 오일압력계. 오일압력계에 불이 켜지면, 즉시 엔진을 정지시켜야 해. 그리고 온도계도 마찬가지야. 온도계에 불이 켜지는 걸로 방열기에 들어 있는 냉각수의 과열 여부를 알 수 있어."

"그래, 알았어. 걱정하지 마, 빌. 보닛에 어떤 마스코트를 달까?"

"좋은 자동차들에는 표범이나 코브라가 있지 않니?"

"그런 종류의 동물들은 우리 친구가 아니잖니? 자, 이것 봐. 놀랐지? 은으로 만든 참새. 내가 우리 할아버지 공장에서 만들었어."

애니는 자랑스럽게 자기가 만든 것을 꺼내 보였어요.

참새 모양의 마스코드를 본 빌은 아무 말도 하지 않고, 눈을 껌뻑거리더니, 갑자기 서둘러 날아가 버렸어요.

"내가 겨우 이런 일에 눈물을 흘리다니……"

빌은 친구들이 볼까 봐 숨어서 눈물을 닦았어요.

최종 점검

"친구들! 자동차가 제대로 작동하는지 시험운전을 해 보자. 근데 나는 우리 자동차가 출발하자마자 키다리 잭과 마주칠까 봐 걱정돼." 애니가 심각한 표정으로 말했어요.

"걱정마, 애니. 키다리 잭 녀석은 힘이 센 것처럼 보이지만 사실은 그렇지가 않아. 약한 친구들 앞에서나 하는 잘난 척이지. 얼마 전에 나하고 티치가 쓰레기장에서 키다리 잭과 우연히 마주쳤는데, 그 녀석이 우리를 못 본 척하며 피했어. 그건 그 녀석이 우리를 찾아 복수하겠다는 마음이 없다는 거야. 그러니 이제 키다리 잭 문제는 잊어 버리고 우리 자동차에 정신을 집중하자." 빌이 말했습니다.

"내 생각에 시험운전은 내일하고, 오늘은 마지막으로 자동차를 샅샅이 점검해야 될 거 같아. 특히, 엔진오일과 냉각수를 확인해야만 해. 자, 축전지 충전도 다 되었고, 이제 어디에도 문제가 없는 것 같다."

"좋아, 그럼 내일 만나자."

엔진 길들이기

드디어 최후의 날이 밝았습니다.
"자동차 도장은 정말 잘됐어. 그 누가 봐도 아주 멋지게 칠했다고 할거야." 티치는 자기가 멋지게 자동차 도장작업을 해냈다는 걸 다른 친구들에게 자랑했어요.
"잘난 척은 나중에 하자, 친구들아. 애니, 바퀴 뒤쪽에 앉아서 시동을 걸어!" 빌이 소리쳤습니다.
"시동이 안 걸리는데?"
"왜 이러지? 보닛을 열어! 그래, 점화코일로 가는 배선이 풀려 있지 않았어. 자, 이제 다시 시동을 걸어 봐."
"만세! 엔진 시동이 걸렸어, 엔진이 작동해! 내가 여태까지 들어본 소리 중에서 가장 멋진 소리야!" 애니가 흥분해서 큰 소리로 말했어요. 빌도 신이 났지만, 차분한 목소리로 말했어요.
"조심해, 엔진 회전속도를 너무 높이지 마. 낮은 속도로 운전해서 길들이기를 해야 해. 엔진이 공전속도로 작동하도록 잠깐 동안 그대로 두자, 그리고 우리는 다른 부분들을 모두 다시 한 번 더 점검하자. 그리고 나서 이상이 없으면 시운전을 할 수 있어."
"빌, 너는 영리한 친구야, 나는 믿을 수가 없어, 우리가 자동차를 만들었다니!"

시운전

애니는 친구들 모두에게 말했어요.
"모두 타, 우리 드라이브 가자. 프레드, 티치, 무서워하지마. 루시, 너도 우리와 함께 가야 해, 예쁜 숙녀가 차에 타지 않으면, 우리는 시운전을 할 수가 없어."
"너희, 정말로 나도 태워줄 수 있니?"
루시가 기쁜 목소리로 물었어요. 빌은 애니 쪽으로 몸을 굽혀 귓속말을 했어요.
"겉으로 표현을 하지는 않지만, 루시도 너를 좋아하는 거 같아……."

우리가 자동차를 만들었어요

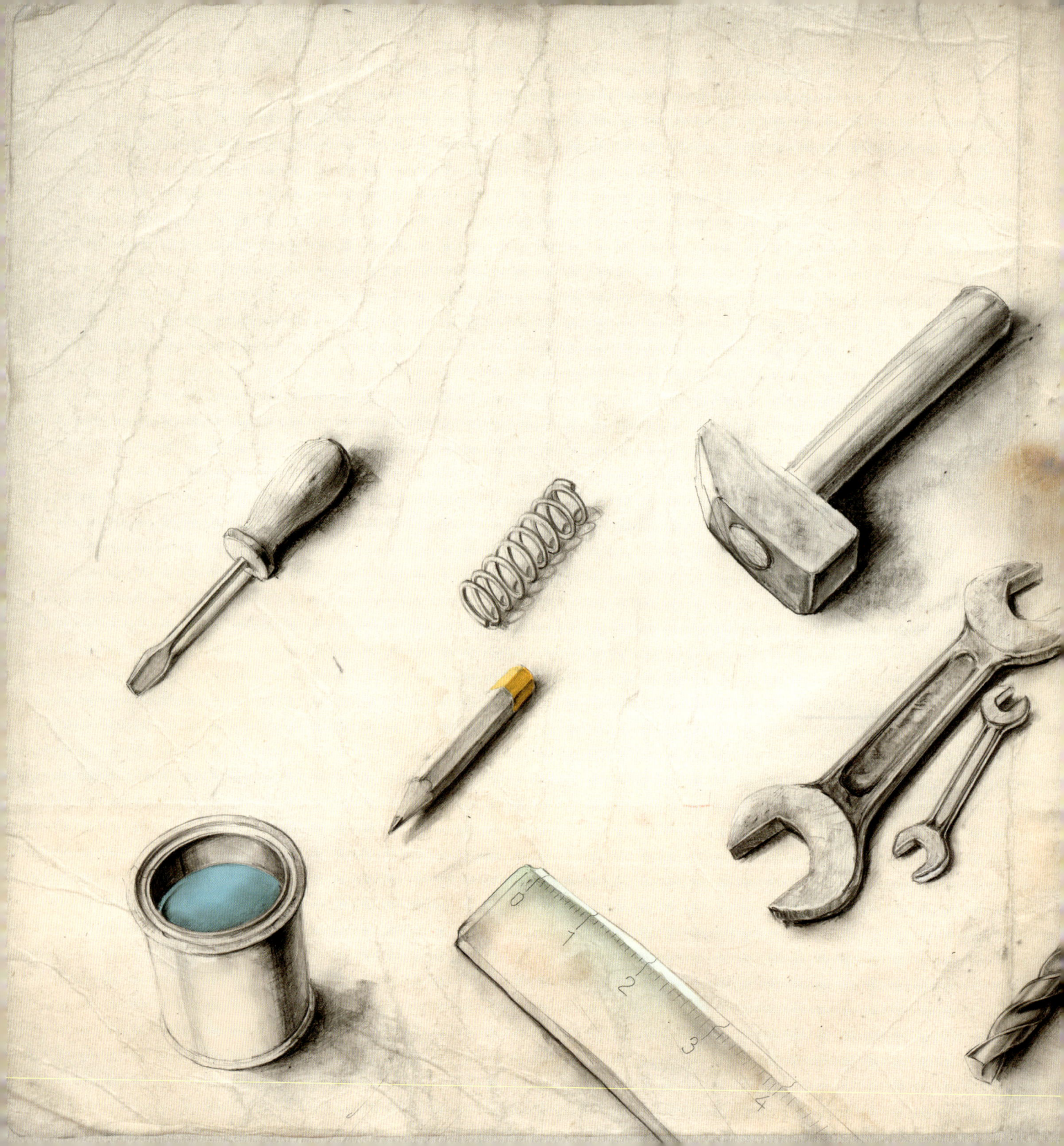